LES
CONGRÈS VITICOLES

DEPUIS

L'INVASION PHYLLOXÉRIQUE DE 1865

LE CONGRÈS PHYLLOXÉRIQUE INTERNATIONAL

DE BORDEAUX

du 10 au 15 octobre 1881

PAR

PIERRE TOCHON

Président de la Société centrale d'agriculture du département de la Savoie.

CHAMBÉRY

IMPRIMERIE MÉNARD, RUE JUIVERIE, HÔTEL D'ALLINGES.

1882

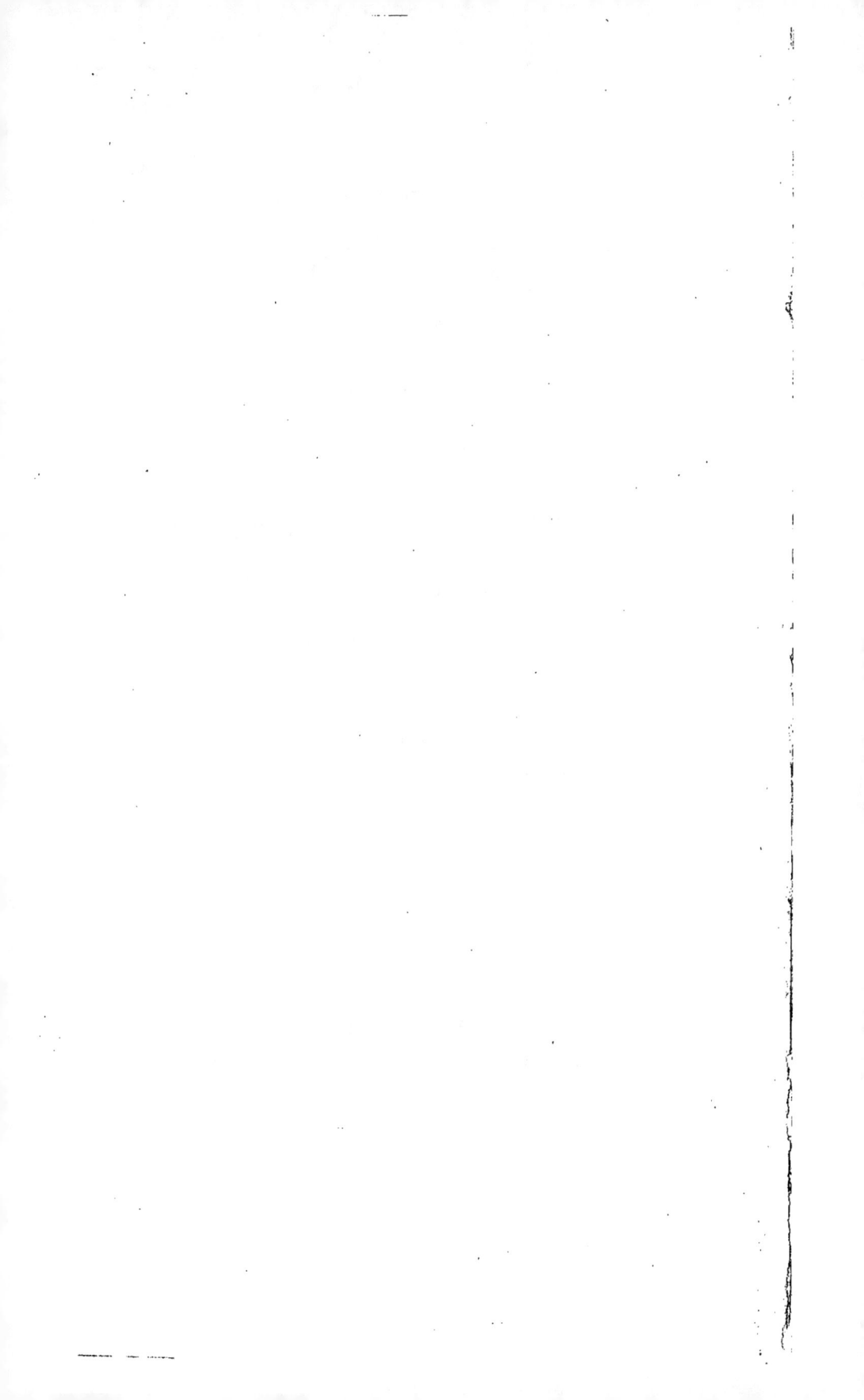

LES
CONGRÈS VITICOLES

DEPUIS

L'INVASION PHYLLOXÉRIQUE DE 1865

LE CONGRÈS PHYLLOXÉRIQUE INTERNATIONAL

DE BORDEAUX

du 10 au 15 octobre 1881

PAR

PIERRE TOCHON

Président de la Société centrale d'agriculture du département de la Savoie.

✦

CHAMBÉRY

IMPRIMERIE MÉNARD, RUE JUIVERIE, HÔTEL D'ALLINGES.

1882

LES CONGRÈS VITICOLES

DEPUIS L'INVASION PHYLLOXÉRIQUE DE 1865.

———

Le Congrès phylloxérique international de Bordeaux du 10 au 15 octobre 1881.

En prenant la plume pour rendre compte du Congrès phylloxérique international de Bordeaux d'octobre 1881, nous avons cru qu'il y aurait quelque intérêt à jeter un coup d'œil d'ensemble sur les réunions viticoles qui l'ont précédé depuis l'invasion phylloxérique de 1865.

Cette revue rétrospective précisera, en effet, l'objet primitif de ces réunions, les modifications que l'apparition du phylloxera a apportées à leurs discussions habituelles, la marche progressive de l'insecte, ce que l'on a fait pour en entraver le développement, les résultats successifs obtenus des moyens de défense préconisés, ce que l'on doit espérer enfin de la reconstitution de nos vignes par les cépages américains.

Les Congrès viticoles avant 1865.

Les assises de la viticulture française ont une origine très-ancienne ; de tout temps, on a compris l'utilité qu'il y avait à mettre en commun les découvertes scientifiques et les faits pratiques qui pouvaient influer sur les progrès de cette branche si importante de la richesse nationale.

Ces réunions n'ont cependant pas exercé, dès leur début, l'utile influence que nos Congrès ont aujourd'hui.

La difficulté des transports, la dépense et la fatigue, résultant d'un déplacement à de grandes distances, restreignaient le nombre des adhérents ; on y voyait figurer les seuls personnages influents d'une province, et les enseignements résultant de ces réunions restaient confinés dans d'étroites limites, parce que, d'un côté, la publicité manquait à ces travaux, et que, de l'autre, les classes rurales étaient trop peu instruites pour en profiter.

La diffusion de l'instruction, l'émancipation des classes rurales, l'ouverture des chemins de fer ont puissamment contribué à donner aux Congrès viticoles une importance ignorée jusqu'alors.

Les hommes de progrès de toutes les nationalités s'y donnent rendez-vous, la presse leur prête son puissant appui, et, grâce à ces conditions exceptionnellement favorables, il n'est pas un fait scientifique ou pratique qui ne soit mis, en quelques jours, à la portée des personnes qui s'y intéressent.

Longtemps, les délibérations des Congrès viticoles eurent pour objet exclusif la culture, la fécondation du sol, la conduite de la vigne, la vinification, la conservation des vins, les conditions économiques de la consommation à l'intérieur ou de l'exportation ; et aussitôt qu'il surgissait un ennemi nouveau de la vigne, on cherchait en commun les moyens de le combattre et de le détruire.

Ce programme assez uniforme des Congrès a changé le jour où la présence du phylloxera a été constatée dans les vignobles de l'Europe. — Les Congrès viticoles se sont transformés, dès ce moment, en réunions phylloxériques, et toutes leurs séances ont été consacrées à rechercher les moyens de combattre cet insecte microscopique, qui a pris à tâche de détruire nos vignobles et de ne disparaître qu'avec le dernier cep de vigne du continent.

L'universalité de l'invasion phylloxérique a eu un autre résultat : les Congrès nationaux sont devenus internationaux.

On a pensé avec raison que l'attaque et l'invasion sévissant sur tous les Etats viticoles, il fallait se liguer pour combattre l'ennemi commun.

Le Congrès viticole de Lyon.

Au moment où s'ouvrait, en février 1868, la réunion générale de la Société des agriculteurs de

France, un cri d'alarme avait été poussé par M. le comte de Lavergne, annonçant les désastres qui menaçaient la viticulture française. — Déjà, à ce moment, la tache uniqne trouvée en 1865 dans le Vaucluse avait gagné une grande partie des vignobles de ce département; on signalait aussi sa présence dans les Bouches-du-Rhône; mais on était tout-à-fait désarmé contré les attaques d'un insecte dont on ignorait le nom, l'origine et le mode d'action.

Au Congrès de Lyon d'avril 1869, un grand pas avait été fait; M. Planchon s'était joint à la commission nommée par la Société des agriculteurs de France pour étudier l'insecte, qui étendait alors de plus en plus ses ravages, et, après 18 mois d'études, il avait donné le nom de phylloxera vastatrix à cet aphidien.

Le Congrès viticole de Beaune de novembre 1869.

On connaissait l'insecte, on possédait les premières notions de ses mœurs et de sa prodigieuse fécondité; mais on n'avait aucune donnée sur les moyens de l'atteindre sur les racines de la vigne où il exerçait ses ravages; cependant le temps pressait, car déjà l'invasion avait gagné cinq nouveaux départements: le Gard, l'Ardèche, l'Hérault, le Var et la Gironde étaient attaqués.

La Société des agriculteurs de France crut devoir appeler à son aide, non plus seulement toutes les sommités scientifiques de la France ; mais bien celles du monde entier, en organisant à Beaune, en novembre 1869, un Congrès international.

De nombreux délégués de l'Autriche, de l'Italie, du Brésil, du Portugal et de la Suisse répondirent à cet appel et pour la première fois, M. Planchon put faire connaître, avec l'autorité qui, dès ce moment, s'attachait à son nom, les mœurs et les transformations du phylloxera, son mode de multiplication et d'invasion.

Déjà un grand nombre de systèmes de destruction étaient proposés, mais aucun d'eux n'avait pour lui la sanction de l'expérience, et, pour un grand nombre, la difficulté de leur emploi ou la cherté de leur application rendait leur utilisation impossible.

Au Congrès de Beaune, pour la première fois, on entendit parler des vignes américaines, comme moyen de repeupler nos vignes détruites. M. Lalliman, de Bordeaux, parla des Æstivalis comme résistant à l'insecte et donnant des vins communs dont il avait apporté des échantillons.

Cette révélation de la résistance des vignes américaines aux piqûres du phylloxera fut accueillie, nous devons le reconnaître, avec une grande incrédulité par ceux-là mêmes qui aujourd'hui en sont les plus chauds partisans.

Ce fut aussi à ce Congrès que M. Faucon proposa de noyer l'insecte en inondant le sol ; ce remède, le plus efficace de tous, avait besoin alors de la sanction de l'expérience qui lui a donné raison.

Comme on le voit, le Congrès de Beaune a été le berceau des deux moyens les plus efficaces de conserver et de renouveler nos vignobles.

Le Congrès viticole de Valence en avril 1870.

Avant l'invasion du phylloxera, l'Hérault était sans contredit le département le plus viticole de France; s'il fallait chercher ailleurs les grands vins de garde, les vins de grande consommation y coulaient à flots, et nulle part en France la richesse viticole n'avait été portée à un plus haut degré.

Aussi l'envahissement phylloxérique de l'Hérault a été le point de départ d'une lutte corps à corps avec l'insecte, à laquelle la Faculté des sciences et la Société d'agriculture de Montpellier ont fourni ses plus vaillants combattants.

Depuis le Congrès de Beaune, les noms de MM. Planchon, Lichteinstein, Vialla, Gaston Bazille, Marès, Cazalis sont intimement liés à tout ce qui touche à la défense des vignes françaises.

A Valence, peu de ces hommes d'élite ont pris part au Congrès; cependant, la question phylloxérique a enregistré quelques faits nouveaux. M. Lichteinstein a énoncé les raisons qui semblaient devoir donner une origine américaine à l'aphidien; il a aussi émis l'avis que les sulfures de calcium, de potassium et de sodium pourraient être utilement employés pour sa destruction.

M. Vialla a indiqué l'influence de la nature du sol sur la propagation de l'insecte; il a aussi entretenu le Congrès de la greffe de la vigne comme moyen de remplacer les cépages français peu productifs.

Enfin, M. Anzin est venu confirmer l'heureuse influence de l'inondation pour défendre la vigne contre les atteintes du phylloxera.

Un vœu est émis à la fin de la réunion pour qu'une carte phylloxérique des vignobles envahis fût dressée, par les soins des Sociétés agricoles, dans le plus bref délai possible.

Le Congrès viticole international de Montpellier d'octobre 1874.

Le premier Congrès qui suivit la désastreuse guerre de 1870 eut lieu à Lyon, en septembre 1872; à ce moment, les deux rives du Rhône, de Valence à la mer, jusqu'à Aubagne, étaient envahies par le phylloxera; partout ailleurs, le mal s'était de plus en plus aggravé. — Cependant, aucune découverte nouvelle ne sortit de ce Congrès.

En suivant l'ordre des faits qui se passèrent jusqu'à la réunion d'octobre 1874, notons qu'après M. Lalliman, ce fut M. Dumas, secrétaire perpétuel de l'Académie, qui, dans la séance du 5 juin 1872, proposa à la Société nationale d'agriculture d'uti-

liser l'Isabelle, plant américain depuis longtemps
importé en France, comme porte-greffe de nos cépages ; sa proposition ayant reçu un accueil favorable, ce furent MM. Marès, de Montpellier, et Pélicot,
de Toulon, que l'on chargea de s'assurer de la
résistance des racines de ce cépage aux attaques de
l'insecte : — l'expérience a prouvé, dès lors, que
toute la famille des Labrusca, dont l'Isabelle fait
partie, ne résiste pas au phylloxera.

Les remèdes mis en expérience ne donnant aucun
résultat favorable, on décida, dans une réunion in-
terdépartementale tenue à Montpellier en novembre 1872, qu'une somme de 20,000 francs serait
mise annuellement à la disposition d'un comité d'é-
tudes et d'expérimentation ; ce fut l'origine du champ
d'expériences du Mas-de-la-Sorre, placé sous la
haute direction de M. Marès ; il existe encore aujourd'hui.

Presque à la même date, M. le Ministre de l'a-
griculture voulut encourager les recherches, en pro-
posant un prix de 20,000 fr. porté, le 22 juillet 1874,
par l'Assemblée nationale, à 300,000 fr. Ce prix
devait être donné à l'auteur d'un procédé efficace
et pratique pour combattre le phylloxera ; jusqu'à ce
jour, il n'a pu être décerné.

L'Académie des sciences s'était aussi occupée du
phylloxera ; MM. Dumas, Max Cornu et Duclaux,
trois de ses membres les plus distingués, reçurent
la mission de rechercher quel avait été le premier
vignoble visité par l'insecte, d'étudier ses mœurs,

les dommages qu'il occasionne et les résultats des moyens curatifs expérimentés.

Une foule de précieuses indications sortirent des travaux de ces hommes, dont le nom fut lié dès lors à l'étude du redoutable aphidien ; on apprit d'eux comment le mal s'étend sur place, comment il se propage au loin ; on fit un pas en avant sur ce que l'on savait à ce moment sur les mœurs, la fécondité et la fécondation des insectes aptères, sur le *modus vivendi* de l'insecte ailé et sur son influence sur la régénération du puceron aptère ; enfin, on entrevit l'action de l'œuf d'hiver, que M. Balbiani devait trouver plus tard.

Déjà à ce moment, des indications encore mal assises faisaient présumer que le phylloxera nous venait d'Amérique ; aussi M. Dumas, dans son Rapport, voulant élucider ce point de fait d'une grande importance, proposait-il l'envoi en Amérique de délégués pour étudier simultanément la communauté d'origine du phylloxera, qui, sous des noms différents, sévissait dans les deux mondes, et constater les caractères qui distinguent les vignes américaines des nôtres dans leurs rapports avec leurs parasites.

Cette proposition fut le point de départ de la mission confiée le 5 juillet 1873 à M. Planchon ; nul mieux que ce savant micrographe, en même temps botaniste et viticulteur de mérite, n'était mieux à même de remplir, tant au point de vue théorique qu'au point de vue pratique, l'honorable mission que lui confiait le Ministre de l'agriculture.

M. Planchon s'était mis en voyage, lorsque, le 3 août 1873, MM. Monestier, Lautaud et d'Ortoman prièrent M. Gaston Bazille, président de la Société d'agriculture de l'Hérault, de faire constater les résultats de l'application d'un insecticide, dont ils cachaient alors le nom et qui n'était autre que le sulfure de carbone, préconisé et mis en expérience quelque temps auparavant à Bordeaux par M. le baron Thénard ; mais employé en trop forte dose, il avait occasionné des accidents qui l'avaient fait abandonner.

Cet insecticide, dont l'efficacité, dans des conditions aujourd'hui connues, est indiscutable, était un premier jalon qui constatait l'influence toxique des sulfures, alors même qu'ils avaient à traverser, pour arriver à l'insecte, une épaisse couche de terre. — Toutefois, ce ne fut que plus tard, après de nombreuses expériences, que l'on fut fixé sur la dose de sulfure de carbone à employer et les conditions d'application indispensables pour tuer l'insecte, sans compromettre la santé et même la vie du cep traité.

Le sulfure de carbone a eu à lutter dès son apparition contre deux obstacles sérieux : la difficulté de l'application et l'élévation du prix de revient du traitement, auxquelles est venue se joindre plus tard la nécessité d'une fumure énergique pour contrebalancer son action débilitante sur les vignes.

Cet état de choses s'est dès lors sensiblement

modifié, et s'il faut toujours se préoccuper de la fumure, l'intervention de la compagnie P.-L.-M. a fait baisser le prix du sulfure de carbone, et grâce à l'invention du pal Gastine, on ne pratique plus à la main le dosage de l'insecticide dans les 30 à 40,000 trous ouverts au pal de fer pour sulfurer un hectare.

Le sulfo-carbonate de potassium, recommandé par M. Dumas, dont on fit l'essai à peu près en même temps que du sulfure de carbone, reçut, dès le début, un meilleur accueil des viticulteurs phylloxérés, parce qu'il risquait moins de compromettre l'existence de l'arbuste, et tout le monde sait que la potasse est un puissant élément de fécondité pour la vigne ; le prix de revient assez élevé du traitement, l'obligation de dissoudre cet insecticide dans l'eau, la faveur exclusive accordée dans le principe par l'Etat au sulfure de carbone ont contribué à en limiter l'emploi.

M. Planchon rapporta de son voyage en Amérique deux éléments nouveaux d'un grand intérêt relatifs à la question du phylloxera, dont on avait déjà entrevu l'existence.

Notre savant délégué avait, en effet, constaté que l'insecte destructeur de nos vignes existait sur les racines des cépages américains ; il s'était encore assuré qu'un certain nombre de variétés de vigne du nouveau monde résistaient aux piqûres de l'insecte, tandis que la *Vitis vinifera* que nous cultivons, importée en Amérique, ne résistait pas plus à ses atteintes qu'en Europe.

La première de ces données déconcerta, sans la réduire au silence, une petite école formée au début de l'invasion, affirmant que le phylloxera n'était pas la cause immédiate du mal dont souffraient nos vignes ; qu'il était l'effet de l'appauvrissement progressif de cet arbuste, renouvelé depuis des siècles, à la même place, par des procédés artificiels que les lois de la physiologie végétale condamnaient.

Cette opinion, qui ne semblait pas devoir soutenir une discussion grave, a eu de chauds partisans et d'éloquents défenseurs qui, dans tous les Congrès, ont occupé, pendant de longues séances, la tribune.

On leur montrait en vain la luxuriante végétation de quelques vignes avant l'attaque, leur dépérissement sous l'action de la morsure du phylloxera, leur régénération lorsque, aidé d'une bonne fumure, la submersion ou un insecticide avait fait périr l'insecte ; même en parlant aux yeux, on ne parvenait pas à les convaincre ; Bordeaux a vu, sans doute, le dernier des adeptes de cette théorie surannée demander en vain la parole pour ressusciter cette thèse.

Le Congrès de Montpellier s'ouvrit le 24 octobre 1874 ; en ce moment, le phylloxera avait envahi tous les départements du Midi de la France : 60 communes du Bordelais étaient contaminées, l'insecte avait pris pied dans le Centre de la France et en Corse ; la Suisse, l'Espagne, le Portugal, les rives du Rhin se trouvaient attaqués.

Un Congrès ouvert dans de telles conditions, dans le département autrefois le plus viticole de France, réduit à défendre aujourd'hui les vestiges de son ancienne et prodigieuse richesse, avait un caractère d'opportunité qui fit affluer à Montpellier toutes les personnalités viticoles de la France et de l'étranger.

Le programme du Congrès de Montpellier avait, du reste, un attrait considérable de nouveauté.

Le voyage de M. Planchon, ses recherches scientifiques sur les mœurs du phylloxera, celles de MM. Lichteinstein, Balbiani, Max Cornu, Duclaux, Mouillefert, Millardet, Marion, Rommier, Maurice Gérard et de tant d'autres dont les noms nous échappent, sur l'origine américaine de l'insecte, la certitude de la résistance de quelques plants exotiques, la possibilité espérée de reconstituer les vignes détruites avec leur concours, les bons effets de la submersion, de la plantation dans les sables et de quelques insecticides devaient donner à ses réunions un attrait qu'aucun des précédents Congrès n'avait eu jusqu'alors.

L'idée émise à Beaune par M. Lalliman sur la résistance des Æstivalis aux attaques du phylloxera fut confirmée, quelque temps après, par M. Riley. Appelé du Missouri par M. Planchon, il était venu étudier l'insecte, qu'il n'avait fait qu'entrevoir sur les feuilles des vignes d'Amérique ; à son retour, il affirma la résistance d'un certain nombre de cépages et il confirma l'identité de l'insecte qui s'attaquait aux vignes des deux mondes.

Depuis le Congrès de Beaune, et surtout après le voyage de M. Riley, quelques propriétaires dont les vignes étaient détruites et les collectionneurs de vignes les plus autorisés s'étaient procurés des cépages américains ; l'Etat lui-même avait fait venir des *Concords* en 1871, et au moment où s'ouvrit le Congrès de Montpellier, on put voir à l'exposition annexe qu'on y avait jointe une collection fort belle de M. Pulliat, de Chiroubles, le célèbre ampélographe du Beaujolais, et d'autres collections de moindre importance apportées par MM. Bouchet, de Bernard, Lalliman, de Bordeaux ; ce dernier y avait joint des échantillons de vin, produits par quelques-uns de ces cépages ; mais ce qui intéressa surtout le Congrès fut de trouver, à Saint-Clément, aux portes de Montpellier, les vignes de MM. Fabre et Pagesy détruites par le phylloxera, en grande partie reconstituées, avec des clintons, des concords, des herbemonts et quelques autres cépages tirés directement d'Amérique. On se fait difficilement une idée du soulagement né de cette visite à Saint-Clément. On avait pu constater la présence de l'insecte sur les racines des vignes américaines et cependant elles étaient pleines de vigueur : elles portaient seules des fruits, tandis que tout autour les anciens vignobles avaient été frappés de mort.

On le voit, si M. Lalliman a été l'initiateur et le propagateur de l'idée de la résistance des ceps du nouveau monde, MM. Fabre et Pagesy en furent les hardis expérimentateurs en grande culture. Et lorsque M. Planchon vient nous faire part du résultat de son excursion, la question des vignes américaines, comme moyen de reconstituer les vignes détruites par le phylloxera, était ouverte ; elle était même déjà entrée dans le domaine d'expérimentation, quoique loin d'être résolue ; il s'agissait en effet d'en faire le triage pour arriver aux variétés absolument résistantes, d'en étudier l'adaptation à tel ou tel sol ; il fallait enfin s'assurer de l'emploi que l'on pouvait faire des producteurs directs et des simples portegreffes.

En utilisant les racines des plants résistants pour conserver les raisins des producteurs de nos meilleurs vins, la question si importante de la greffe se présentait avec tous les corollaires influant sur sa réussite ; voilà six ans que les hommes les plus autorisés étudient cette difficile question et bien des points restent encore à éclaircir.

L'identité du phylloxera des deux mondes, entrevue par M. Riley et affirmée dès lors par M. Planchon, fit naître le désir de savoir comment et par qui le phylloxera était arrivé jusqu'à nous.

Cette question, qui pouvait devenir irritante, a été l'objet de nombreuses publications ; posée au Congrès de Montpellier, elle fut écartée par M. Drouin de Lhuys, son habile président ; il observa avec raison qu'il ne s'agissait pas de savoir comment le phylloxera était arrivé en Europe, mais bien comment on l'en chasserait.

On voit par le résumé que nous venons de faire des délibérations du Congrès de Montpellier, qu'en octobre 1874, tous les moyens qui devaient être utilisés pour défendre nos vignes contre leur ennemi étaient à l'étude ; mais qu'aucun d'eux, sauf la submersion, n'était prêt pour une application immédiate.

On proposait, en effet, en ce moment, non pas de planter dans les sables, comme on l'a fait avec succès plus tard ; mais simplement d'apporter une certaine quantité de sable au pied de chaque souche, procédé abandonné dès lors.

On savait, grâce à l'exemple de M. Gaston Bazille, que l'engrais d'étable, mêlé à des insecticides, prolongeait la lutte et la vie des ceps attaqués par le phylloxera en facilitant le renouvellement des racines ; mais on n'était pas fixé sur l'insecticide qu'il fallait préférer, sur son mode d'application et sur son prix de revient.

Certaines variétés de vignes américaines résistaient à l'insecte ; mais quelles étaient ces variétés ? Si on en savait le nom, la pratique n'avait point encore parlé pour s'assurer de la durée de cette résistance ; puis, l'on se demandait si notre climat et notre sol leur conviendraient, et ce que l'on pouvait espérer des producteurs directs et des porte-greffes.

Les vœux émis par le Congrès devaient se ressentir de l'état d'incertitude qui planait sur la plupart des questions discutées au dans son sein ; le seul vœu qui s'y rattachât directement fut la demande faite au ministre de hâter la création du canal dérivé du Rhône, afin d'étendre autant que possible la zone de la submersion, procédé dès lors assuré de

conserver à l'état de production les vignes attaquées.

Le Congrès viticole interdépartemental de Bordeaux de décembre 1875.

Après le Congrès de Montpellier, le phylloxera,
dont on avait nié l'existence et que le plus grand
nombre considérait comme un mal accidentel et
passager, s'était montré dans son vrai jour et déjà
on entrevoyait la ruine possible de tous les vignobles de la France.

Le moment était venu de se liguer contre l'ennemi commun; aussi voyons-nous l'Académie des
sciences et la Société nationale d'agriculture s'oc-
cuper de cette grave question.

De son côté, M. de Meaux, alors ministre de l'a-
griculture, organisa, dès le 1er août 1874, la commission supérieure du phylloxera; réunie le 11 février
1875, son premier soin fut de se mettre en rapport
avec les départements envahis en nommant, le
6 mars 1876, 57 commissions départementales
d'études et de vigilance du phylloxera.

La Commission supérieure, composée dans le
principe exclusivement d'hommes de science, fut
réorganisée par la loi du 15 juillet 1878; en augmentant le nombre de ses membres, une plus large
part y fut faite à l'élément viticole.

C'est dans le sein de cette commission que s'est
concentrée dès lors la décision de toutes les questions se rattachant à la défense de nos vignobles.

L'ouverture et l'organisation du Congrès de Bordeaux de 1875, un an après celui de Montpellier, furent déterminées, nous le pensons du moins, par la rapidité de l'envahissement du Bordelais ; à ce moment, en effet, la rive droite de la Garonne et de la Gironde était phylloxérée, et 204 communes se trouvaient atteintes.

Le programme du Congrès différait peu de celui de 1874 ; s'il attirait moins de personnalités marquantes, s'il présentait moins d'intérêt, on doit l'attribuer à son rapprochement de celui de Montpellier. En un an, les nombreuses questions dont la solution était restée en suspens n'avaient pas eu le temps d'être élucidées et surtout de recevoir la sanction de l'expérience, sanction indispensable dans toutes les questions qui touchent aux intérêts agricoles.

Un seul fait saillant, se rattachant aux mœurs de l'insecte, avait fait un pas en avant : il était dû à M. Boiteau de Villegouge, collaborateur de M. Balbiani.

Jusqu'à ce moment, on connaissait les évolutions de l'insecte aptère ; on savait qu'en août ou en septembre, se forment des femelles-vierges ailées qui, en quittant la terre, étaient emportées par le vent et pondaient des œufs en petit nombre, mais de deux sortes et sexués : des œufs petits, d'où sortaient des mâles sans ailes, et des œufs plus grands, d'où sortaient des femelles également aptères. Ces œufs sont pondus de préférence sur les pousses vertes, sur le pétiole, sur le duvet des feuilles de vignes, et rare-

ment sur le bois de l'année ou sur les écorces et
les écailles.

MM. Boiteau et Balbiani sont parvenus, à force
de recherches minutieuses, à s'assurer que les petits
nés des œufs de l'ailé éclosent en fort peu de temps,
courent vers le bas des ceps, s'accouplent; puis le
mâle meurt, et la femelle dépose son œuf unique sur
les écorces fendillées des bois de plus d'une année et
meurt à côté. L'œuf d'hiver était trouvé. Cet œuf résiste aux frimats et donne naissance, au printemps,
à une grosse femelle parthénogénique qui descend en
terre, se fixe sur les racines et fait naître ces géné-
rations successives souterraines qui rendent la
vigne malade.

Cette découverte, déjà faite sur le phylloxera du
chêne, mais que l'on n'avait pu constater jusque-là sur
le phylloxera vastatrix, fit grand bruit; elle fut
l'événement saillant du Congrès de Bordeaux.

Parmi les hommes spéciaux, les uns l'accueilli-
rent avec un doute, que semblait confirmer la difficulté de retrouver cet œuf d'hiver sur la tige, où,
cependant, il devait se trouver en grand nombre;
d'autres y virent un moyen assuré d'arrêter le développement souterrain de l'insecte.

Si, en effet, comme on avait eu raison de le croire,
les pondeuses aptères perdaient leur fécondité et dis-
paraissaient après un certain nombre de pontes. En
détruisant sur la souche l'œuf d'hiver, régénérateur
des légions souterraines, on arrivait, sinon à faire
disparaître, du moins à limiter le développement

du destructeur des racines de nos vignes.

Bien des objections ont été opposées à cette théorie. M. Balbiani lui-même a pris soin d'en présenter quelques-unes : l'expérience de dix ans semble leur donner raison, car le décorticage suivi de badigeonnage, pas plus que l'échaudage des souches de vignes, n'ont donné les résultats que la destruction de l'œuf d'hiver faisait espérer.

Le Congrès, après avoir enregistré la continuation des excellents résultats obtenus de la submersion des souches, a reconnu la nécessité de renouveler chaque année cette opération et de la combiner avec des engrais pour que ses effets soient durables.

A Bordeaux, le sulfo-carbonate de potassium, préconisé par M. Dumas, n'a pas été accepté avec la faveur que semblait lui promettre le nom de son illustre propagateur. On avait affirmé que le remède était infaillible et l'on retrouvait un certain nombre d'insectes vivants sur les souches traitées ; il fallait renouveler le traitement, assez dispendieux ; de là des récriminations et, cependant, l'expérience a prouvé que c'était, sans contredit, le meilleur insecticide trouvé jusqu'à ce jour.

Le Congrès a abordé, dans sa dernière réunion, la question se rattachant aux cépages américains. On était trop près du Congrès de Montpellier pour que l'épreuve de la résistance et de l'adaptation eût fait un pas en avant ; il en a été de même de tout ce qui concerne la greffe ; aussi rien de nouveau n'est sorti, sur ce sujet, de cette réunion.

Nous nous demandons, en terminant cette analyse sommaire du Congrès de Bordeaux de 1875, si les organisateurs avaient été bien inspirés en le plaçant en décembre. Lorsque l'on a une si belle ville et de si remarquables vignobles, il nous semble que l'on devrai avoir la coquetterie de les présenter à ses visiteurs au moment où l'été ou l'automne leur prête leur plus bel ornement.

Le Congrès viticole do Nîmes des 21, 22 et 23 septembre 1879.

Pendant les quatre ans écoulés depuis le Congrès de Bordeaux, les moyens de défense connus à ce moment ne s'étaient pas augmentés ; seulement, ils avaient de plus en plus affirmé leur efficacité.

La submersion était toujours considérée comme un moyen assuré de sauvegarder la récolte de ceux qui pouvaient en faire l'application ; on en était arrivé à en réglementer la marche et la durée.

A l'ensablement des vignes, qui contrarie le développement de l'insecte, sans empêcher l'envahissement des racines, on avait substitué la plantation des vignes dans les sables, donnant des résultats inespérés.

Les traitements au sulfure de carbone avaient trouvé dans le pal Gastine le moyen de simplifier le mode primitif d'application, le prix de ces insecti-

cides s'était abaissé depuis que la compagnie du
P.-L.-M. avait pris l'initiative de sa fabrication en
grand. On en obtenait généralement de bons résultats.

L'Etat, de son côté, dont le budget se trouvait
menacé, avait pris à sa charge le traitement des
vignes nouvellement envahies, pour entraver l'extension du mal.

MM. Mouillefert et Félix Humbert s'étaient associés, en 1877, pour l'application à forfait, à des
prix modérés, du sulfo-carbonate de potassium
dilué au traitement des vignes phylloxérées ; on
leur avait confié, en 1877-1878, 28 hectares 50 ares,
en 1878-1879, 210 hectares 50 centiares, affirmant
par cette progression son efficacité.

Au moment où s'ouvrit le Congrès de Nîmes, le
transport et la plantation des cépages américains,
accusés d'avoir apporté le phylloxera en Europe et
d'en être les propagateurs les plus actifs, furent
soumis à la loi du 15 juillet 1878 et aux arrêtés des
11, 12, 13, 14, 15 et 26 décembre de la même année.

Le phylloxera étendait à ce moment ses ravages
sur 42 départements ; 17 seulement étaient assez
attaqués pour n'avoir rien à craindre de la circulation et de la plantation des cépages américains.

Les mesures prises pour entraver la libre circulation des vignes américaines étaient la conséquence
des résolutions adoptées par la France, la Suisse,
l'Italie, l'Allemagne, l'Espagne et le Portugal, dans
la convention internationale de Berne du 9 septem-

bre 1878, auxquelles tous les arrêtés sont posté-
rieurs.

Les entraves apportées à l'introduction des cépages du Nouveau-Monde, dans les départements jusqu'alors indemmes, ou depuis peu phylloxérés, ont
été des mesures de précaution. On a voulu éviter le
transport de l'insecte par les racines des plants
tirés des pays phylloxérés ; c'était, nous le reconnaissons, une sage mesure ; malheureusement, notre
esprit national se prête difficilement aux prohibitions,
et nous ne croyons pas nous tromper en disant que
cette interdiction a accru, a surexcité le désir des
viticulteurs de se procurer des vignes américaines.

Du reste, comment mettre en application cette défense lorsque l'on peut porter avec soi et sur soi
assez de greffons pour avoir, au bout d'un an, trois
ou quatre cents boutures à mettre à la disposition de
ses amis ?

Nous ne voulons pas contester que, dans un certain nombre de cas, l'app ort de racinés américains
ait pu occasionner l'envahissement d'un vignoble ;
mais ce fait est loin de s'être généralisé.

Si nous prenons, pour exemple, les deux Savoie, il
n'y était pas entré un cep américain, avant l'invasion
phylloxérique, et, ce qu'il y a de plus remarquable,
bien que ces cépages y soient assez répandus aujourd'hui, et que les taches phylloxériques se comp-
tent par centaines, les cépages américains ne portent pas d'insectes sur leurs racines.

Ce fait, facile à vérifier, prouve une fois de plus

que, contrairement à ce que soutinrent les ennemis des vignes exotiques, les plants du Nouveau-Monde ne portent pas fatalement avec eux, sur leurs racines et sur leurs sarments, des légions de phylloxeras.

Le Congrès de Montpellier de 1875 avait admis la résistance d'un certain nombre de cépages américains aux attaques de l'aphidien ; le Congrès de Nîmes de 1879 apportait les preuves indéniables de cette résistance.

Malheureusement, cette résistance ne se rattachait pas à un ensemble de faits reproduisant partout les mêmes résultats ; son plus ou moins d'intensité dépendait de la vigueur ou de la faiblesse communiquée à la vigne par le milieu dans lequel on l'avait placée.

Il s'est, en effet, produit pour la vigne américaine ce qui arrive pour toutes les plantes importées : elles ont besoin, en changeant de climat, de s'habituer aux nouvelles conditions de leur existence.

Cette adaptation à des sols différents que M. Vialla a essayé de définir n'a pas été obtenue sans le malaise, sans les souffrances que tout être organisé éprouve, lorsqu'un brusque changement se produit dans ses habitudes.

C'est de cet état de bien-être ou de souffrance éprouvé par la vigne américaine dans les nouvelles conditions où on l'a placée, en arrivant en France, que sont nées les divergences d'opinion émises au Congrès de Nîmes sur le plus ou moins de résistance qu'opposaient certains cépages aux attaques

de l'insecte ; car, comme l'a fort bien dit M. Lugol,
« presque tous les cépagnes américains résistent
au phylloxera, à la condition qu'ils se trouvent dans
un milieu favorable, et, par contre, presque tous ces
cépages sont susceptibles, dans un milieu défavora-
ble, de mourir de causes réunies, parmi lesquelles le
phylloxera peut avoir sa part. »

Disons, toutefois, que si l'on discutait le plus ou
moins de résistance de certains cépages, on en ad-
mettait généralement le principe, que des épreuves
de 5 à 14 ans avaient déjà confirmé.

Depuis le Congrès de Beaune, où l'on avait entendu M. Lalliman, de Bordeaux, mettre en cause les
cépages du Nouveau-Monde, le motif de leur résistance aux morsures de l'insecte était resté inexpli-
qué. Il était réservé à M. Foëx, professeur à l'Ecole
d'agriculture de Montpellier, d'indiquer la véritable
cause de cette immunité. Nous lisons, en effet, dans
le compte-rendu de l'Académie des sciences du 18
décembre 1876, une première note sur ce sujet ;
nous en reproduisons textuellement la conclusion :
« Je crois que l'on peut, du moins, attribuer à la li-
gnification plus prompte et plus parfaite de certaines
vignes américaines, qui vient s'ajouter au développement, proportionnellement très-grand, d: système
radiculaire des diverses espèces de cette origine, la
résistance relative dont elles jouissent. »

M. Foëx a poursuivi ses recherches sur les effets
produits par le phylloxera sur les racines des divers
cépages américains et indigènes, et le Congrès de

Nîmes a eu la bonne fortune d'entendre, de la bouche même du savant professeur, le développement des causes de la résistance des vignes américaines aux attaques de l'insecte.

Le Congrès de Nîmes a abordé toutes les questions se rattachant aux mœurs du phylloxera, à la résistance des vignes américaines, à leur valeur comme plants directs et comme porte-greffes, à la nécessité d'une sélection des sujets dans une même variété.

Divers modes de multiplication ont été proposés, afin d'arriver à reproduire les variétés qui ne se prêtent pas au bouturage.

Les différentes formes de greffes, celles qui s'assimilent le mieux le greffon de tel ou tel cépage français, ont ensuite été abordées.

Enfin, on a fait le tableau des maladies qui attaquent plus spécialement les vignes américaines.

Tous ces sujets ont été traités avec talent par MM. Foëx, Planchon, Prosper de Lafite, Lugol, docteur Despetit, Douisset, Champin, Comy, Breheret et quelques autres dont les noms nous échappent.

Malheureusement, les problèmes soumis aux délibérations du Congrès étaient trop nombreux et trop neufs pour qu'il fût possible d'en obtenir la solution immédiate ; aussi, les verrons-nous se reproduire dans les Congrès de Lyon et de Bordeaux, s'appuyant sur des faits nouveaux et sur une expérimentation de deux ans de plus.

Le Congrès viticole de Lyon des 12, 13 et 14 septembre 1880.

Le Congrès viticole de Lyon a été, sans contredit, la représentation la plus nombreuse réunie jusqu'à ce moment des forces vives de la viticulture française, à laquelle étaient venus se joindre des délégués de tous les Etats étrangers soumis, comme nous, aux attaques du phylloxera ou menacés de l'être.

L'organisation elle-même de ce Congrès ne laissait rien à l'imprévu : le programme, rédigé avec soin, avait fait connaître longtemps à l'avance les questions viticoles qui y seraient traitées, et, pour chacune d'elles, des personnalités des plus autorisées devaient apprendre aux visiteurs ce que la science ou la pratique avait révélé.

A ce Congrès était joint une exposition viticole splendidement installée, où se trouvaient réunis tous les moyens de défense trouvés jusqu'à ce moment contre les attaques du phylloxera.

Les insecticides et leurs applications variées étaient largement représentés.

Les vignes américaines, en pleine végétation, quelques-unes garnies de leurs fruits, s'y trouvaient en collection, et l'on pouvait étudier, sur un espace relativement restreint, la multiplication des vignes exotiques, leurs diverses variétés, les modes de greffage recommandés, les raisins sur pied ou coupés des producteurs directs, enfin les vins que chacun d'eux donne sous le climat de la France.

Les instruments de viticulture, ceux de cuverie, les pressoirs, les alambics occupaient tout un côté du cours du Midi ; enfin, pour joindre l'agréable à l'utile, on avait organisé une exposition florale aussi belle dans son ensemble que dans la variété et la multiplicité de ses collections.

Ce programme tracé à l'avance, ces orateurs désignés pour élucider chacune de ses parties s'éloignaient de la forme habituelle des Congrès, où une question soulevée est tour à tour combattue et défendue par un nombre plus ou moins considérable d'orateurs. Aussi, a-t-on dit avec quelque raison que la réunion de Lyon avait été plutôt une suite de conférences très intéressantes qu'un Congrès.

La pensée des organisateurs était excellente, puisqu'une part égale avait été faite à tous les systèmes de défense de la vigne alors en présence.

Il n'a donc manqué à ce Congrès, pour le compléter, qu'un local disponible le soir pour des séances supplémentaires, où les personnes non inscrites d'avance auraient pu émettre leur opinion avec plus d'extension que ne le permettaient les séances ordinaires.

Quoi qu'il en soit, le Congrès de Lyon a été suivi avec une attention soutenue : la salle des réunions était plus remplie à la dernière séance qu'à la première, et chacun de nous en est parti en reconnaissant qu'il y avait beaucoup appris.

Il est vrai que, pendant ce trop court espace de temps, on a traité toutes les questions qui intéressent la viticulture et qu'elles l'ont été par MM. Planchon, Lichteinstein, Gaston Bazille, Barral, Foëx, Marès, Mouillefert, Elisée Nicolas, docteur Crolas, Ulysse Coste, Jaussau, Reich, Robin, Pulliat, Champin, docteur Despetit, Breheret, Lalliman, de Lafite, Croizier, Richard, Tochon, Desjardins, Douisset, Comy, et par MM. le docteur Fatio, de Genève ; de Rovasenda, de Turin, et Meissner, du Missouri. Tous ont successivement intéressé leur auditoire par des conférences sur l'étendue de l'invasion phylloxérique, sur les mœurs de l'insecte, sur les insecticides, leur mode d'application et leurs résultats, sur la submersion et la plantation dans les sables, sur les vignes américaines, leur multiplication, leur résistance relative, et sur le motif de cette résistance, sur les maladies qui les attaquent, enfin, sur les divers modes de greffer le plant fraçais sur la vigne américaine.

Il a été reconnu au Congrès de Lyon :

1° Que l'invasion phylloxérique avait une marche progressive ;

Qu'en un an, le nombre de départements envahis a été porté de 42 à 45, et que 17 étaient assez phylloxérés pour que l'on y permît la circulation des cépages américains ;

2° Que le sulfure de carbone et le sulfo-carbonate de potassium appliqués au commencement de l'invasion, dans des conditions spéciales, peuvent maintenir la fructification de la vigne, à la condition de

faire suivre les insecticides d'une fumure abon-
dante ;

3° Que les vignes américaines de la famille des
Æstivalis, donnant des fruits directs propres à la vinification, ne sont pas applicables dans le Centre de
la France, soit à cause de leur tardive maturité, soit
par suite des maladies qui les attaquent sous les cli-
mats frais et humides;

Qu'on doit leur préférer les cépages américains
porte-greffes ayant fait preuve, jusqu'à ce jour, d'une
résistance incontestable, en donnant la préférence
aux Riparia, aux Vialla, aux York's-Madeira et aux
Solonis ;

Que la vigne américaine doit remplacer la vigne
française toutes les fois qu'il s'agit de replanter une
vigne détruite par l'insecte, — et que, pour arriver
à ce résultat, il convenait de donner plus de facilité
que par le passé à la libre circulation des cépages
exotiques, dont les boutures sans vieux bois ne portent jamais les germes du phylloxera ;

4° Enfin, que la détresse des propriétaires viticoles réclame une prompte réduction d'impôt des vignes détruites ou sur le point de l'être, afin de leur
permettre de les reconstituer.

On voit par les résultats du Congrès de Lyon, se
produisant un an après celui de Nîmes, que dans ce
court espace de temps bien des questions restées en
suspens avaient reçu une solution ; c'est ce que M.
Bender, président de la Société de viticulture de
Lyon, a fait ressortir en prononçant la clôture du

Congrès, qu'il avait présidé avec tant de distinction.

On voit, par l'analyse sommaire des Congrès phylloxériques organisés jusqu'à ce jour, que ces réunions rapprochent leurs assises, à mesure que le phylloxera étend ses ravages.

On dirait que les agriculteurs de chaque région viticole, voués à la défense de nos vignobles, sentent le besoin d'appeler à leur aide les forces actives de la viticulture, pour appuyer sur leur expérience les résultats de leurs travaux.

Ces Congrès, depuis trois ans devenus annuels, ont, nous le reconnaissons, l'avantage de faire connaître les faits récents acquis à la science, les expériences couronnées de succès, de concentrer les forces de tous contre un ennemi commun. Cependant, on ne peut le dissimuler, ces réunions trop rapprochées ne répondent plus au but que se proposent ceux qui en sont les initiateurs.

Dans le principe, chaque Congrès phylloxérique marquait une étape, un progrès, une découverte défensive bien définie ; on y venait pour s'instruire : on partait satisfait de ce que l'on avait appris, bien résolu de mettre à profit, d'expérimenter ce que l'on savait de nouveau. En est-il de même aujourd'hui ? Après avoir lu l'analyse sommaire que nous venons de faire, nous ne penso ns pas que nos lecteurs répondent affirmativement.

Ce n'est pas, en effet, en un an, qu'en viticulture, une expérience peut affirmer des résultats : il lui

faut une période plus longue, si l'on ne veut bâtir
sur le sable, si l'on ne veut s'exposer, après une seconde année d'expérience, à reconnaître qu'un fait
qui paraissait acquis n'a pas continué à donner les
mêmes résultats.

Si nous sommes d'avis de distancer les Congrès de
trois en trois ans, par exemple, nous croyons qu'il
serait très-utile de multiplier les conférences loca-
les dans les centres viticoles, afin de convaincre le
vigneron de l'utilité qu'il y a, dans son propre intérêt, de lutter contre l'insecte en se servant des insecticides, en submergeant là où c'est possible, en
plantaut dans les sables ; enfin, en replantant les vignes détruites avec des cépages américains résistants.

Si ces conférences s'appuyaient sur des démons-
trations pratiques, si l'on parlait aux yeux en même
temps qu'à l'intelligence, on arriverait rapidement à
combattre cette force d'inertie si difficile à vaincre ;
on arriverait à apporter la conviction chez ces tra-
vailleurs que toute nouveauté effraie, toujours mal
disposés à s'écarter du chemin tracé par leurs devan-
ciers, parce que, pour eux, un insuccès a des conséquences graves et qu'il faut toujours au moins un an
pour les réparer.

LE CONGRÈS INTERNATIONAL PHYLLOXÉRIQUE

DE BORDEAUX

du 10 au 15 octobre 1881.

———

La date de l'ouverture du Congrès phylloxérique de Bordeaux avait primitivement été fixée au 29 août.

Cette époque était heureusement choisie ; elle permettait aux visiteurs de voir les cultures de ce beau pays, de trouver les vignobles les plus connus et les plus réputés du monde entier dans tout l'éclat de leur végétation, portant une bonne récolte arrivée à maturité.

Chacun se promettait, à côté d'un voyage instructif, une promenade d'agrément dans la ville de Bordeaux, si admirablement située sur les bords de la Garonne.

Reporté au 10 octobre, on entrait dans la période des brouillards et des pluies ; aussi, bon nombre de délégués étrangers et nationaux, qu'un voyage lointain dans ces conditions a retenus chez eux, ont manqué à l'appel.

Malgré ce contre-temps, le Congrès phylloxérique

organisé par la Chambre de commerce, la Société
d'agriculture et le Conseil général de la Gironde
s'est ouvert, le 10 octobre, au milieu d'un concours
nombreux des personnalités les plus marquantes de
la viticulture.

L'Autriche, la Russie, l'Allemagne, l'Espagne, le
Portugal, l'Italie, les Etats-Unis d'Amérique, l'Aus-
tralie et le Cap de Bonne-Espérance se trouvaient
représentés par des délégués, auxquels la réunion,
sur la proposition de M. Lalande, son président, a
conféré le titre de vice-présidents du Congrès.

Mme la duchesse de Fitz-James et Mme W^e Ponsot, dont les noms sont aujourd'hui liés à tout ce qui
touche aux intérêts de la viticulture ; M. Doniol,
le sympathique préfet de la Gironde, se sont fait
remarquer par leur assiduité aux séances du Congrès.

M. Lalande est un président qui rappelle, par ses
qualités, le regretté M. Drouin de Lhuys : comme
lui, il a une figure et une voix sympathiques ; comme
lui, il sait à propos mettre un terme à une discussion, concilier les adversaires et ramener, sans les
froisser, les orateurs à la question.

Le discours d'ouverture de M. Armand Lalande,
que sa longueur nous empêche à regret de reproduire, dénote chez son auteur une connaissance ap-
profondie des diverses phases des questions que le
Congrès était appelé à traiter.

Après avoir souhaité la bienvenue aux membres

du Congrès, réunis dans la salle de l'Alhambra, M. Lalande trace à grands traits l'histoire de l'invasion phylloxérique; il en suit pas à pas les diverses phases, il résume les moyens de défense mis en œuvre, les insuccès des uns, la réussite de ceux qui, dès aujourd'hui, nous font entrevoir la reconstitution de nos vignes dans un avenir prochain.

Le reste du discours du président du Congrès est consacré au programme de ses travaux.

Ce discours, sincère dans ses déclarations, impartial dans ses appréciations, d'une virile éloquence dans son ensemble, est unanimement applaudi.

Les délégués étrangers ont eu les honneurs de la seconde séance. Ces messieurs fournissent successivement des renseignements généraux sur l'extension phylloxérique en Espagne, en Portugal, en Hongrie, en Italie, à Odessa, en Alsace et sur les bords du Rhin; partout l'insecte fait de rapides progrès, que les efforts réunis des propriétaires et de l'Etat ne parviennent pas à arrêter.

Quelques autres délégués donnent sur le même sujet des chiffres se référant à nos départements. Nous retenons ceux qui concernent le Bordelais.

D'après les derniers renseignements recueillis par la commission supérieure du phylloxera, remontant au 1er juillet 1880, sur les 172,157 hectares de vignes de la Gironde, 20,500 avaient été complétement détruits à cette date et 136,475 se trouvaient envahis.

Comme moyen de défense, on avait submergé

2,800 hectares ; 1,200 hectares étaient traités au sulfure de carbone, 250 au sulfo-carbonate de potassium et 300 hectares étaient replantés en cépages
américains résistants.

Dans le cours des 15 mois courus dès lors, le mal
s'est beaucoup aggravé et les moyens de défense ont
été appliqués dans de grandes proportions.

Disons, pour consoler les amateurs des grands
vins, que le Médoc est, de tous les vignobles du
Bordelais, celui où le phylloxera a fait le moins de
mal, sans doute parce qu'il est le mieux cultivé
et convenablement amendé.

Après ces préliminaires, on a abordé les diverses
questions qui forment le fond même du programme
du Congrès.

Insecticides et submersion.

M. Fallières, rapporteur de la commission des insecticides et de la submersion, pose les deux questions suivantes :

1° Existe-t-il des moyens de rétablir les vignes
atteintes et de les ramener, non pas à cette végétation stérile qui se traduit par des feuilles et des ti-
ges, mais à un état de fructification normale ?

2° La vigne européenne peut-elle être défendue,
maintenue, remise en état de végétation et de production normale au moyen du sulfure de carbone
et du sulfo-carbonate de potassium ?

Pour élucider ces deux graves questions, M. Fal-

lières et la commission dont il faisait partie ont visité
un grand nombre de vignobles des régions du Midi
et du Sud-Ouest, où les insecticides ont été employés
au début ou à une époque tardive de l'invasion, avec
des doses plus ou moins considérables, dans des
sols de composition minérale différente.

La commission a étendu ses recherches au prix
de revient de l'application de ces deux insecticides,
aux conséquences de leur emploi, sous le rapport de
l'usure du sol, aux doses d'engrais dont il fallait
les accompagner, aux nécessités culturales qu'ils
engendrent.

C'est à la suite de cette consciencieuse étude que
la commission n'hésite pas à répondre, par la bouche
de M. Fallières :

Que la vigne française peut être efficacement
défendue contre les attaques du phylloxera, au
moyen du sulfure de carbone et du sulfo-carbonate de potassium, et revenir à une production normale et continue ; mais pour obtenir ce résultat, il
faut trouver et remplir scrupuleusement les conditions suivantes :

Agir en temps utile sur un sol suffisamment
fertile et profond. La rapidité de la régénération
et la facilité de la défense sont en rapport
avec le degré de richesse et de profondeur du sol,
et aussi avec la proportion de silice qui entre dans
sa composition.

Les terres *pauvres, calcaires, superficielles ne répondent plus aux exigences de la vigne phylloxérée,*

même avec le secours des engrais et des insecticides; jusqu'à nouvel ordre, l'opération agricole de l'établissement ou de la défense de ces vignes ne doit pas y être tentée.

Même dans les terres fertiles, les engrais doivent être associés aux insecticides.

Les engrais chimiques immédiatement solubles remontent les vignes faibles plus rapidement que le fumier de ferme.

La dose qu'il convient d'adopter est d'au moins 100 k. de potasse réelle, 50 k. d'azote et 30 k. d'acide phosphorique par hectare. Pour tirer le meilleur parti de cet engrais, il convient de le diluer dans 6 à 8 litres d'eau par souche.

Sans engrais en première année sur toute la surface traitée, et partiellement la 2ᵉ et la 3ᵉ, la végétation est insuffisante pour donner des fruits.

On doit augmenter les façons culturales au moins pendant les 3 premières années.

Les vignes jeunes se régénèrent plus facilement que les vieilles.

Le plus ou moins de résistance de nos variétés de vignes ne peut être constaté avec certitude.

C'est à la dose de 150 à 250 kil. de sulfure de carbone qu'il faut traiter les vignes la première année, et de 600 kil. au plus la seconde.

Les traitements dits d'extinction sont impuissants à arrêter l'extension phylloxérique dans l'état général d'envahissement où se trouvent nos vignes.

Le traitement insecticide doit être renouvelé tous

les ans ; le meilleur moment pour l'appliquer est de novembre à mars ; les traitements de réinvasion ne répondent pas aux dépenses qu'ils occasionnent.

Le sulfure de carbone peut occasionner des accidents sur la végétation : lorsque les instruments fonctionnant mal exagèrent la dose ; lorsque les applications ont lieu par un temps de forte humidité, dans un terrain détrempé à sous-sol imperméable ; lorsque l'application de l'insecticide est suivie de fortes pluies ou d'un abaissement anormal de température. Dans ces divers cas, les parois des trous se lissent et le sulfure de carbone emprisonnée reste à l'état liquide ou s'évapore dans un espace trop restreint, en détruisant les racines grosses et petites qui se trouvent à sa portée.

Ces accidents n'ont pas lieu dans les terrains légers à sous-sol perméable.

Les souches de vignes très-affaiblies succombent habituellement en toute saison, en toute nature de terrain et de traitement.

Les sulfo-carbonates de potassium à la dose culturale déterminent rarement d'accidents foudroyants ; cependant, on doit éviter les applications de 100 à 120 grammes par souche en mai ou juin.

Le sulfo-carbonate dilué, en dissolvant rapidement les engrais auxiliaires, rétablit plus rapidement les vignes que le sulfure de carbone ; on devrait donc le préférer partout où le voisinage d'un cours d'eau permet de les employer.

La dépense annuelle du traitement insecticide

cultural, par hectare, au sulfure de carbone, est en moyenne de 150 fr. par hectare, celle de l'engrais de la première année de 300 fr., et de 150 fr. pour les années suivantes.

Pour le sulfo-carbonate de potassium, la dépense est de 500 fr. la première année et de 400 fr. pour les suivantes ; la dépense en engrais est de 200 fr. par hectare la première année et de 100 fr. pour les années suivantes.

En dehors des insecticides précédents, le sulfure de calcium paraît donner des résultats favorables, bien que la commission supérieure du phylloxera n'en ait pas conseillé l'application.

Les badigeons insecticides ne paraissent pas devoir être recommandés comme moyen d'aider à la destruction de l'insecte.

Il résulte des données qui précèdent que l'on peut, en se servant des insecticides, soutenir une vigne placée dans un sol fécond et profond au moyen d'une dépense annuelle qui varie, compris la fumure, entre 450 et 300 fr. par hectare pour le sulfure de carbone, et de 700 à 500 fr. pour le sulfo-carbonate de potassium.

Le chiffre de la dépense réunie de l'engrais et du sulfure de carbone fournit un premier élément d'appréciation : il permet de déterminer les vignes phylloxérées qui, par la quantité moyenne de leurs produits et le prix que l'on en obtient, peuvent supporter l'addition continue de cette dépense supplémentaire aux frais généraux ordinaires de culture,

La submersion étudiée dans ses applications est considérée comme un moyen assuré de maintenir la fructification d'une vigne phylloxérée, à la condition qu'on la renouvelle tous les ans, de novembre à mars, et qu'on pratique des fumures toutes les fois que les eaux dont on se sert n'apportent pas avec elles des sédiments capables de remplacer l'engrais, que le lavage continu de la terre et l'entretien de la fécondité de la vigne rendent indispensable.

La dépense occasionnée par la formation des digues et les conduits d'eau, pour assurer la submersion, nécessite, dès le début, une mise de fonds assez considérable, surtout si l'on doit avoir recours à des machines élévatoires à vapeur ; mais les frais ordinaires ne dépassent pas 100 à 200 fr. par hectare, en dehors de la dépense de l'engrais.

Le travail de M. Fallières, si complet dans son ensemble, si concluant dans ses résultats, sur un sujet qui a suscité tant de controverses, n'a pas rencontré de contradicteurs sérieux. On a cependant trouvé le prix réuni des fumures et des insecticides un peu faible ; on lui a reproché de n'avoir rien dit des applications du sulfure de calcium, dont cependant MM. Martineau et de la Roque affirment avoir obtenu d'excellents résultats ; enfin, M. le comte de Lavergne proteste contre l'exclusion du badigeonnage, qui, réuni au traitement au sulfure de carbone, augmente son action en détruisant les insectes qui s'attachent à la souche.— A côté de ces opposants, MM.

Ménudier, de la Charente-Inférieure ; Jaussan, de
Béziers ; de Puy-Montbrun, du Tarn ; Géraud, de
la Dordogne ; Marès, de l'Hérault, et MM. Barral et
Mouillefert sont venus appuyer les conclusions de M.
Fallières par des faits observés dans des localités
que la Commission n'avait pas visitées.

Il a fallu une séance supplémentaire de nuit pour
entendre les orateurs cités et clore la question des
insecticides.

Cépages américains.

M. Gachassin-Lafite, de Bordeaux, a une mission
importante à remplir : il est chargé de soutenir
et de développer devant le Congrès le rapport, pré-
senté sur la vigne américaine et sur la plantation
dans les sables, d'une commission formée par le
Comité d'organisation pour élucider ces deux questions

M. Gachassin-Lafite, en orateur expérimenté,
énumère rapidement les visites faites par la commission, dont il est rapporteur, dans trente-six vignobles du Sud-Ouest, de l'Hérault, du Gard et du
Var, pour en faire ressortir le rôle qu'est appelée à
jouer la vigne américaine dans la reconstitution de nos vignes détruites par le phylloxera.

Nous analysons les conclusions de ce remarquable travail.

La vigne française attaquée qui n'est pas défendue par des fumiers unis à des insecticides ou à la

submersion est fatalement condamnée à disparaître,
alors même qu'on lui donne les engrais les plus
énergiques et des cultures répétées.

Les terrains frais dans lesquels il entre une proportion de 85 p. 0[0 de sable fin opposent un obsta-
cle insurmontable à la propagation du phylloxera,
et plus la propriété capillaire est faible, plus forte
est l'immunité.

Les *vignes américaines*, quelles que soient les variétés, possèdent au contraire, à des degrés divers, une
résistance relative pouvant aller même jusqu'à l'immunité. Elles doivent être considérées comme un
moyen sûr de reconstituer un vignoble.

Lorsque l'on fait une plantation de cépages américains, il faut tenir compte de l'influence que le climat, l'état hygrométrique de l'air, la nature et l'état
du sol, l'exposition, etc., exercent sur leur adaptation.

Dans tous les vignobles en renom et surtout dans
la Gironde, les vignes américaines doivent être uti-
lisées comme porte-greffes de nos cépages pour conserver la réputation de nos vins.

Les meilleurs porte-greffes sont les diverses variétés de Riparia et l'Yorks-Madeira ; ces deux cépages
peuvent pratiquement être considérés comme in-
demnes.

Le *greffage* des vignes françaises sur racines
américaines paraît un moyen maintenant assuré de
reconstituer nos vignes.

La greffe faite sur sujet en place, lorsqu'elle réussit en proportion suffisante, doit être préférée ; elle donne le plus vite les meilleurs résultats. Faite dans le Midi, en *fente pleine*, sur des sujets d'un an, elle a réussi dans les proportions de 60 à 95 p. 0[0.

On lui préfère dans la Gironde la greffe anglaise, pratiquée sur table, sur des racines d'un an remises en pépinière pour en opérer la soudure.

La plantation en place des greffes faites sur table avant leur reprise en pépinière donne des résultats incomplets.

La greffe de bouture sur bouture donne un nombre trop restreint de réussites et des racines insuffisantes pour être pratiquée utilement.

Les vignes greffées produisent plus tôt, peut-être même produiront-elles en plus grande quantité que la variété française qui a fourni le greffon.

La *ligature* se fait généralement avec du raphia légèrement sulfaté ou avec de la ficelle ; l'argile humide est le meilleur des enduits.

Les vignes américaines de la famille des Æstivalis ont quelques producteurs directs, francs de goût, que l'on peut utiliser pour la production des vins communs et des vins de coupage ; tels sont : le Jacquez, l'Herbemont, le Norton's-Virginia ou Cynthiana et le Black-July ; parmi les hybrides, l'Othello, le Brandt et le Canada pour les vins rouges ; l'Elvira, le Noah et le Triomph pour les vins blancs.

Nous avons vu toutes ces variétés produire et

mûrir leurs fruits dans d'excellentes conditions dans la banlieue de Bordeaux, chez M. Lalliman.

Les conclusions de M. Gachassin-Lafite, affirmant la possibilité de reconstituer les vignes détruites en utilisant les vignes américaines, ont valu à son auteur des applaudissements unanimes.

M. Gaston Bazille, avec l'autorité qui s'attache à son nom, a succédé à M. Gachassin-Lafite pour confirmer, en s'appuyant sur sa propre expérience, ce qu'il avait dit.

On trouve en effet à Saint-Sauveur, près de Montpellier, propriété de l'honorable sénateur de l'Hérault, des vignes américaines déjà anciennes donnant des produits directs, des plants français à fruit, greffés sur racines exotiques, de tous les âges, fournissant des produits abondants, et bientôt il ne s'apercevra plus, au remplissage de ses cuves, que le phylloxera a visité ses vignes.

M. Gaston Bazille greffe en place, en fente pleine, sur racines d'un an; il s'en trouve bien, et, s'il conseille de se hâter de regarnir en cépages américains les immenses terrains autrefois plantés de vignes, s'il engage à donner la préférence aux variétés porte-greffes, telles que les Riparia, Vialla, York's-Madeira et Solonis, c'est que ces cépages ont le double avantage de réussir à peu près dans toutes les natures de sols et de jouir d'une immunité phylloxérique d'autant plus assurée que leurs racines portent moins d'insectes.

On aurait pu croire qu'après le discours fort
applaudi de M. Gaston Bazille, qui avait repris pour
en élargir le cercle toutes les questions soulevées
par M. Gachassin-Lafite, la réunion eût perdu l'attention soutenue qu'elle avait prêtée à ces deux messieurs ; il n'en a rien été : il est vrai qu'il restait à
entendre des orateurs autorisés, des vignerons et
des viticulteurs tels que MM. Vialla, Planchon,
Lalliman, Pulliat, Ménudier, Despetit, Lasserre,
Champin, Gaillard, Lichteinstein, Calvet, Chenu-
Lafite, de la Roque et quelques autres dont les
noms nous ont échappé.

L'ensemble de leurs discours a porté sur le sol
qui paraît le mieux convenir à tel ou tel cépage
exotique, sur la nécessité de sélectionner les Riparia
pour conserver les variétés les plus robustes, celles
qui fournissent de fortes et belles boutures, et de
rejeter impitoyablement celles à petites feuilles, à
bois grêle, qui ne donnent pas, dès la première année
de bouturage, des racines assez fortes pour être immédiatement greffées. Il résulte de l'ensemble des
données de ces discours :

Que les sols argilo-calcaires et argilo-siliceux à
terre rouge ferrugineuse sont les seuls qui convien-
nent à toutes les variétés de cépages américains ;

Que les Riparia et l'York's-Madeira ne crai-
gnent pas les terrains caillouteux, légers et secs ;

Que le Solonis, qui se plaît dans les terrains frais,
est le seul qui résiste dans la craie ;

Que l'York's-Madeira pousse dans les terres de

landes, siliceux, ayant de simples traces de chaux ;

Que le Vialla,qui est le meilleur de tous les porte-greffes, recherche les sols profonds.

Sous le rapport de leur résistance et du peu d'insectes trouvés sur les racines,le Riparia occupe le premier rang, l'York's-Madeira le second, le Vialla le troisième et le Solonis le quatrième.

On est ensuite revenu à l'importante question de la greffe : elle est virtuellement la seule difficulté sérieuse du rapide repeuplement des vignobles détruits par le phylloxera, car si un grand nombre de viticulteurs, à la tête desquels il faut placer M. Chenu-Lafite, s'élèvent contre l'introduction et la culture dans le Sud-Ouest, des cépages américains à produits directs, qui aurait infailliblement pour conséquence de compromettre la réputation de nos grands vins, tout le monde est aujourd'hui d'accord pour reconnaître que les porte-greffes résistants n'ont rien à craindre de ce côté, qu'ils fourniront en les greffant avec nos meilleures qualités de raisins les mêmes vins que lorsqu'ils étaient francs de pied.

Au Congrès de Bordeaux comme dans tous ceux qui l'ont précédé, il est des personnes qui croient servir la cause des insecticides, dont on a admis cependant avec une grande impartialité les bons résultats, en niant la résistance des plants améri-cains, même dans le pays d'où nous les tirons.

C'est ainsi que nous avons entendu un membre du Congrès avancer que cette assertion est si vraie, que l'on élève en Amérique des fabriques de sulfure de carbone pour traiter leurs vignes.

Cette assertion est vraie, car la Californie, où ces fabriques se construisent, fait bien partie du territoire de l'Union ; mais ce que l'interrupteur a oublié de dire et qu'il ignore sans doute, c'est que les plantations de vignes faites en Californie l'ont été exclusivement avec nos cépages français, que le phylloxera tue là comme ailleurs.

Du reste, dans l'état de la culture de la vigne en Amérique, il serait impossible de traiter des vignes éparses sur d'immenses surfaces, et jamais personne n'en a reconnu l'utilité.

Il est incontestable que tous les plants américains ne résistent pas d'une manière absolue dans toute espèce de terrain aux atteintes du phylloxera : le Taylor et le Clinton, par exemple, dont les racines sont toujours couvertes de phylloxeras, succombent, s'ils ne se trouvent dans des terrains très-riches, frais et profonds ; c'est un fait aujourd'hui acquis.

Nous nous demandons quelle utilité il peut y avoir à revenir sans cesse sur cette question ? Que ceux qui possèdent des plants d'une résistance douteuse les conservent, s'ils leur donnent de bons résultats, mais que l'on n'en conseille pas la multiplication.

Si l'on veut voir la vigne américaine repeupler rapidement les 6 ou 700,000 hectares de vignes détruites et celles qui, fatalement, le seront encore, que

l'on ne conseille jamais une variété qui peut con-
duire à un échec.

Cet échec n'aura pas seulement pour conséquence
de porter un grave préjudice à celui qui l'aura
éprouvé, il enlévera la confiance qu'aurait répandue
dans le pays une réussite hors de discussion.

On arrivera à populariser la vigne américaine en
préconisant les seules variétés américaines ayant
fait leur preuve. On s'assurera de leur adaptation
en distribuant, comme le conseille M. Prosper de
Lafite, des boutures des variétés résistantes aux ins-
tituteurs placés dans les communes viticoles, avec
une instruction pour qu'ils puissent se livrer, dans
leur jardin, à des essais de bouturage et de greffage
dont ils feront connaître les résultats.

On compléterait ces excellentes mesures en créant
des pépinières dans chaque commune. Les boutures
seraient livrées au prix de revient aux vignerons
qui voudraient en faire l'essai.

L'Etat pourrait, de son côté, hâter la reconstitution des vignes arrachées en accordant des pri-
mes proportionnées à la surface des vignes replan-
tées.

C'est M. Millardet, professeur à la Faculté de
Bordeaux, qui a entretenu le Congrès de l'anthracnose et du mildew, deux maladies qui sévissent simultanément sur les vignes françaises et sur celles du
Nouveau-Monde.

L'une et l'autre de ces maladies sont dues à la

naissance et au développement d'un champignon, né sous l'influence d'une chaleur concentrée et d'une humidité prolongée.

Le *mildew*, lorsqu'il se déclare de bonne heure, amène la chute des feuilles avant la maturité du raisin, et l'on sait que, privée de ces organes, la végétation s'arrête et le fruit n'arrive pas à maturité ; mais si le mildew apparaît tardivement, il fait peu de mal à la fructification.

On ne connaît pas de remède à cette maladie, les organes reproducteurs du champignon se trouvant logés dans le parenchyme même de la feuille, où l'on ne peut l'atteindre.

L'anthracnose ou charbon de la vigne a de bien plus graves conséquences lorsque, comme cela arrive quelquefois, la maladie attaque le bourgeon à sa naissance.

Les points noirs qui signalent son apparition ne tardent pas à s'étendre ; ils forment bientôt des centres charbonneux qui s'élargissent et se creusent en arrêtant le développement du bourgeon et l'empêchant de nourrir son bois ; dans ce cas, heureusement rare, on ne trouve plus de coursons à la taille sèche, ayant conservé leurs yeux inférieurs.

Les résultats immédiats sont l'absence de récolte, car le raisin, s'il en est resté, se pointille, le grain se durcit et ne mûrit pas.

Le plus souvent, l'anthracnose se montre tard ; il s'attaque alors aux extrémités des bourgeons, dont il recroqueville les feuilles.

L'anthracnose a une végétation estivale qui se continue en hiver ; le soufrage n'en empêche pas le développement, puisqu'on le voit naître sur des vignes soufrées. M. Reich de l'Armeillère le combat par des lavages opérés, après la taille sèche, avec une dissolution de sulfate de fer : 1 kilo de sulfate de fer dans deux litres d'eau.

L'anthracnose ne s'attaquant pas au vieux bois, on lave avec un pinceau ou une éponge le prolongement de l'année et le bois de l'année précédente, auquel il est attaché.

Nous avons esquissé à grands traits les discussions présentant un intérêt du Congrès de Bordeaux, sans nous arrêter aux petits côtés de cette importante réunion ; il nous reste à faire connaître les conséquences pratiques qui en ressortent.

Disons de suite, avant d'aborder cette dernière phase du Congrès, que la Société d'encouragement à l'agriculture a tenu à signaler à la reconnaissance des amis de la viticulture l'heureuse initiative prise par la Chambre de commerce de Bordeaux et par M. Lalande, son président, organisateur du Congrès, en lui conférant un diplôme d'honneur ; elle a aussi décerné une médaille d'or à Mᵐᵉ veuve Ponsot pour la reconstitution, en plants américains porte-greffes, de ses vignes détruites par le phylloxera.

De vifs applaudissements ont éclaté dans la salle lorsque M. de Lagorse, secrétaire général de la Société nationale d'encouragement, a remis ces récompenses aux deux lauréats.

Les vœux du Congrès.

Mme la duchesse de Fitz-James, qui a replanté 300 hectares de vignes détruites par le phylloxera, et qui en aura bientôt 400 entièrement regarnis en cépages américains, croit que, pour convaincre les gens qui doutent de leur résistance, on doit leur faciliter la visite des vignobles reconstitués portant des fruits donnant, comme par le passé, de 200 à 300 hectolitres de vin par hectare.

Elle a donc émis les vœux suivants, que le Congrès a approuvés :

Premier Vœu.

1° Qu'une commission soit envoyée, avant l'hiver, en Amérique, pour y constater l'état prospère de certaines vignes ;

2° Que les compagnies de chemins de fer organisent des trains à prix réduit, afin de permettre aux viticulteurs de visiter tout ce qui se fait au point de vue de la défense contre le phylloxera.

Deuxième vœu.

M. Counord présente un vœu adopté par le Congrès, demandant que le projet de loi sur les associations syndicales ne soit pas appliqué aux syndicats

ayant pour but le traitement des vignes phylloxérées.

Troisième vœu.

M. P. de Lafite exprime le vœu que les études pré-
maturément abandonnées pour la destruction totale
ou partielle de l'œuf d'hiver du phylloxera soient
reprises et poursuivies avec persévérance.

Quatrième vœu.

Le Congrès a encore émis le vœu que le gouver-
nement veuille bien accorder aux vignes américaines
les mêmes subventions qu'aux syndicats ayant recours aux insecticides.

Cinquième vœu.

1° Que le premier dégrèvement émanant de l'initiative gouvernementale ou parlementaire porte sur
les propriétés phylloxérées, et affranchisse de l'impôt les portions détruites qui ne peuvent servir à
une autre culture, jusqu'au jour où elles seront re-
plantées ;
2° Que des secours utiles soient accordés aux po-
pulations dont la culture de la vigne constituait le
seul moyen d'existence.

Les vœux émis et votés par le Congrès ne donnent pas, fort heureusement, une idée exacte de son
importance.

Son résultat immédiat sera d'imprimer un nouvel essor à la défense, de rendre le courage à nos vignerons, aujourd'hui que l'on est assuré :

1° De conserver les vignes françaises que l'insecte a jusqu'ici épargnées et celles qui sont au début de l'invasion, soit en les submergeant, soit en utilisant le sulfure de carbone ou le sulfo-carbonate de potassium, dont les applications peuvent être faites dans des conditions déterminées qui permettent d'éviter tout accident pouvant occasionner la mort des souches ;

2° D'assurer la reconstitution de toutes les vignes déjà détruites ou près de l'être en utilisant les cépages américains, pour donner à nos cépages français des racines à l'abri des atteintes du phylloxera, ou en utilisant, où c'est possible et sans inconvénients, les cépages américains à produits directs.

L'exposition anti-phylloxérique de Bordeaux.

Trois salles du rez-terre et du premier étage des dépendances de l'Alhambra avaient été disposées pour recevoir les machines, les engins, les modèles et les produits servant à la lutte contre le phylloxera.

On remarquait quelques instruments nouveaux destinés à l'emploi du sulfure de carbone, tels que : l'injecteur doseur de M. Saut de Pezenas, le pal Boiteau perfectionné, afin d'assurer une plus grande régularité dans le travail ; puis ceux anciennement connus du comte de Lavergne et de M. Gastine.

MM. Mouillefert et Hombert avaient exposé leurs machines de transmission pour porter dans les vignes l'eau nécessaire à l'application des sulfocarbonates de potassium.

Une charrue sulfureuse de M. Bajac, de Liancourt (Oise), attirait par sa nouveauté l'attention des visiteurs. Cette charrue, construite en forme de fouilleuse, creuse un sillon étroit, dans lequel vient s'injecter du sulfure de carbone avant qu'il ne soit recouvert par le versoir ; deux roues portent l'appareil, que traîne un cheval. On se demande si, à la profondeur où peut manœuvrer cette fouilleuse, l'insecticide atteindra toutes les racines.

M. Bourbon propose de flamber la vigne après la taille sèche, au lieu de l'échauder par le système Raclet ou de la badigeonner pour détruire les insectes qui se cachent sous la vieille écorce ; il a inventé, dans ce but, un soufflet auquel il a donné le nom de pyrophore.

Quelques dessins, des photographies servaient de démonstration à l'application des capsules ou cartouches gélatineuses de MM. Etiemblet et Cⁱᵉ, d'Alfortville (Seine). Ces capsules, qui contiennent dix grammes de sulfure de carbone, introduites au moyen d'un pal spécial dans le sol, se diffusent lentement et tuent l'insecte sans nuire à la végétation de la vigne.

Ces capsules coûtent de 25 à 30 fr. le mille,

selon la quantité demandée, et il en faut trois par souche.

L'exposition de vignes américaines racinées producteurs directs et celles de plants-greffes de madame la duchesse de Fitz-James, du Gard ; de madame veuve Ponsot, de Libourne ; de MM. Lalliman et Scruder, de Bordeaux ; de MM. Bouchet de Bernard, de Turenne, de l'Ecole nationale d'agriculture de l'Hérault ; de M. Aurraud, du Var ; de MM. Gustave Lépine, Ribaud, de Lormont ; Blanc, pépiniériste à Saint-Hippolyte (Gard), offraient aux yeux des visiteurs des boutures, des greffes-boutures, des modèles de toutes les greffes, qu'on peut appliquer sur la vigne américaine pour conserver nos cépages français ; à côté, des vignes et des raisins des variétés de producteurs directs, donnant des fruits que l'on peut utiliser à la fabrication des vins communs.

Ces plants avaient une vigueur, une vitalité dont on se fait difficilement une idée ; toutes les greffes étaient solidement soudées après une année de mise en pépinière.

Mme la duchesse de Fitz-James et M. Fonteneau avaient aussi exposé, la première, un mode de reproduction en serre chaude, emprunté à l'Amérique, pour multiplier par des semis d'yeux les cépages exotiques de difficile reprise.

M. Fonteneau couche la bouture en terre ; il en chauffe le pied pour que le développement des racines soit plus rapide et précède celui des bourgeons

de la tige ; on sait que l'inverse se produit habituellement.

M. Piola est propriétaire à Saint-Emillion ; il a
remplacé une partie de ses vignes détruites par des
producteurs directs ; nous avons pu goûter les vins
rouges qu'il obtient du Jacquez, de l'Herbemont, du
Cynthiana, des Labruscas et les vins blancs d'Elvira, de Noah, de Triomph. Ces vins ont des qualités incontestables comme vins de grande consommation, comme vins de coupage ; mais on s'étonne
de rencontrer ces cépages sur les coteaux de Saint-
Emilion, qui produisent les vins sans pareils que
nous avons dégustés dans les caveaux de ce viticulteur d'un mérite incontestable.

M. Lalliman revendique à bon droit le mérite, que, du reste, personne ne lui conteste,
d'avoir le premier fait connaître la résistance des
vignes américaines ; son exposition de vin permettait
d'apprécier le jus de tous les raisins à produit direct
qu'il cultive avec succès à la porte de Bordeaux.

Les *machines à greffer*, dont le nombre s'augmente
à tous les concours, ont eu pour type primitif
l'excellent greffoir Petit, ingénieur à Toulenne (Gironde) ; il est destiné exclusivement à opérer rapidement la greffe anglaise sur table ; son prix est actuel-
lement de 35 fr.

On pratique cette greffe dans les mêmes conditions avec le greffoir, d'un prix moins élevé, de
MM. Sabattier, de Montpellier ; Bardaguer, de Lyon ;

Bullau, de Sainte-Croix-du-Mont ; David, de Bloye, et Prades, de Bédarieux.

Pour la greffe à cheval, MM. Bullau, Ducret, Castelbon, Dupujat et Duroux avaient exposé des instruments spéciaux.

On a cherché à opérer la greffe anglaise, reconnue la meilleure, à cause des nombreux points de contact qui unissent le greffon au sujet, sur des vignes en place ; les appareils de MM. Leydier, Gratreau et Comy ont été inventés dans ce but ; ce dernier fait aussi la greffe Champin.

Nous n'entrerons pas dans les détails des opérations de ces greffoirs ; ils ont tous des avantages, mais peu approchent de la perfection que réclame la greffe pour donner le résultat que l'on en attend.

Terminons cette revue de l'exhibition anti-phylloxérique de Bordeaux par une visite à l'exposition de l'Ecole nationale d'agriculture de la Gaillarde.

Cette Ecole, qui compte à peine dix ans d'existence, a dû ses rapides succès, d'abord au patronage de la Société d'agriculture de Montpellier et à ses dignes présidents, MM. Vialla et Gaston Bazille, et plus tard à son directeur, M. Saintpierre, et à M. Foëx. L'un et l'autre, dans la direction qui leur a été confiée, ont réussi à faire de cette Ecole le centre de l'activité viticole de la France.

Depuis l'invasion phylloxérique et surtout depuis que la vigne américaine a été considérée comme un moyen possible de repeupler nos vignes, de nouvelles recherches sont venues s'imposer à leurs travaux, et l'on peut rendre cet hommage à l'Ecole et à ses directeurs qu'ils n'en ont négligé aucune; à Bordeaux comme à Lyon et à Nîmes, on a vu l'Ecole de la Gaillarde exposer les éléments de conviction de la résistance des vignes américaines.

Ce sont d'abord les spécimens de tous les raisins à produit direct et des vignes greffées chargées de leurs fruits.

Dans des boîtes, sont réunis des pepins grossis des variétés de raisins de vignes du Nouveau-Monde, puis des photographies des racines de vignes pour établir la cause de leur résistance; enfin, la collection de l'outillage du greffeur et du vigneron complète cette exposition, qui a mérité à l'Ecole nationale d'agriculture un diplôme d'honneur.

LA PRESSE AGRICOLE

ET

les représentants des Ecoles d'agriculture au Congrès de Bordeaux.

Dans les concours généraux de Paris et dans les concours régionaux des départements, dans les Congrès, partout où l'agriculture appelle un grand nombre de ses représentants, une pensée commune de confraternité groupe les élèves sortis des mêmes écoles, et un banquet relie les souvenirs du présent à ceux du passé en cimentant leur union.

A Bordeaux, les élèves de Grignon, qui s'y trouvaient en grand nombre, ont proposé de rompre avec les traditions trop exclusivistes en appelant à prendre part à cette fête de l'agriculture les élèves de toutes les écoles, les professeurs, les délégués départementaux et les représentants de la presse agricole.

Cette heureuse initiative a été couronnée de succès et 34 agronomes se trouvaient réunis au banquet du 13 octobre.

Le président de ce banquet était M. Pierre Tochon, président de la Société centrale d'agriculture du département de la Savoie ; elle serait revenue de droit à M. Scawinski père, élève de Grignon de la promotion de 1838, fixé dès lors dans le Médoc : une indisposition l'a empêché de prendre part au banquet.

M. Scawinski méritait d'autant plus cet honneur que, resté lui-même jusqu'à ce jour voué aux intérêts agricoles, il a tenu à honneur d'élever ses enfants dans cette carrière, qui ne donne pas toujours la fortune, mais qui assure à ceux qui s'y livrent, avec une grande indépendance, le moyen de servir utilement leur pays.

Au dessert, plusieurs toasts ont été applaudis. Tout d'abord, M. Tochon a bu dans les termes suivants à la prospérité de l'agriculture, si cruellement éprouvée depuis quelques années :

« Messieurs, la maturité de l'âge a de rares pré-
rogatives ; c'est à elle que je dois l'honneur de pré-
sider ce banquet, d'y prendre la parole.

« Pour la première fois peut-être, une pensée
commune de confraternité réunit, sans distinction
d'école, les représentants de l'agriculture qui s'ai-
dent de la science dans leurs applications agricoles.

« Pourquoi, mes chers collègues, ne continue-
rions-nous pas à l'avenir cette heureuse initiative ?
Ne sommes-nous pas tous animés des mêmes senti-
ments ? N'avons-nous pas tous pour but, dans nos
diverses positions, la prospérité de l'agriculture
française, de cette patrie aimée que chacun de nous
veut voir prospère, riche et grande, et ne disons-
nous pas tous avec Auguste Bella : « *Le sol, c'est la
patrie ; améliorer l'un, c'est servir l'autre.* »

« Entouré de cœurs généreux, comme je le suis,
je ne doute pas d'être votre interprète en exprimant
notre reconnaissance pour les Dombasle, les Bella,
les Nivière, les Reiffeld, les Lauillet, les Saintpierre, les Risler, les Dutertre, qui furent ou qui
sont encore aujourd'hui des maîtres vénérés ; ceux
qui ne sont plus nous ont légué leurs œuvres et
leurs exemples ; ceux que nous avons le bonheur de
conserver profitent des progrès des sciences pour
nous apprendre à progresser avec elles, à nous faire aimer l'agriculture.

« Les maîtres ne doivent pas faire oublier les
élèves ; aussi, en levant nos verres, buvons à la
prospérité de nos écoles d'agriculture ; elles ont

parmi nous de trop illustres représentants pour ne
pas recruter de nombreux imitateurs.

« Buvons à la prospérité de l'agriculture française ; elle a besoin de nos efforts pour traverser la
crise qu'elle subit depuis quelques années.

« Buvons enfin à la santé et à l'avenir de ces
nombreux collègues réunis autour de nous, leur
donnant rendez-vous au prochain Congrès. »

Plusieurs toasts ont été successivement portés :
à M. Tochon, président du banquet, par M. Foëx, professeur à l'Ecole d'agriculture de Montpellier ; par
M. Labbé ; à l'union des écoles d'agriculture, par
M. Artigue, délégué départemental de la Gironde ;
aux délégués chargés de défendre les vignes françaises, par M. Couanon, délégué du ministère de
l'agriculture ; à la Société nationale d'encouragement à l'agriculture, par M. de Lagorsse, secrétaire
de la Société ; au développement de l'instruction
agricole à tous les degrés, par M. Bretagne, repré-
sentant du *Journal officiel;* à l'enseignement agricole donné par la France à tous les pays, par M.
Joigneaux, de la *République française ;* aux professeurs départementaux d'agriculture, par M. Ma-
gnien, professeur d'agriculture de la Côte-d'Or ; à
l'union des forces vives de l'agriculture française,
par M. Tochon ; à la presse, par M. Henri Sagnier,
rédacteur du *Journal de l'Agriculture,* au progrès
agricole par la science.

Cette réunion est la première d'une association
d'efforts qui promettent d'être féconds en résultats.

Les excursions du Congrès de Bordeaux.

Les organisateurs du Congrès réservaient une agréable surprise à leurs invités, en leur fournissant l'occasion de visiter, le 14 et le 15 octobre, les vignobles les plus en renom du Médoc et du Libournais.

Ces excursions, organisées avec le plus grand soin, ont fait de toutes les personnes qui y ont pris part les hôtes de la Chambre de commerce, et, depuis le moment où ils ont quitté leurs hôtels jusqu'au moment où ils sont rentrés, les invités n'ont eu à se préoccuper de rien : des trains spéciaux et de confortables voitures les ont conduits sur les vignobles qui méritaient d'attirer spécialement leur attention.

Pour l'excursion du Médoc, MM. Paul et Théophile Scawinski, l'un et l'autre viticulteurs dans ce coin privilégié de la France, s'étaient érigés en cicerone : ils se multipliaient pour répondre aux renseignements qui leur étaient demandés.

Les propriétaires ou les régisseurs des vignobles que l'on devait visiter, prévenus à l'avance, attendaient les membres du Congrès pour les accompagner dans les cuveries, dans les chaix, dans les bouteillers, ces palais de la viticulture des grands crûs.

Excursion dans le Madoc.

C'est dans ces agréables conditions que nous avons successivement visité Château-Margaux, appartenant à M. Pillet-Will, dont la Savoie, son pays d'origine, gardé un si bon souvenir; Château-Montrose, propriété de M. Dolfus; Château-Laffitte, à M. James de Rotschild; Pontet-Canet, à Mme Hermann-Creuse, dont M. Charles Scawinski, le troisième frère de nos aimables commissaires, nous fait les honneurs; Léoville-Poyferré, à M. Lalande; un excellent dîner, arrosé des meilleurs vins, nous y est offert par le président du Congrès.

Dans l'après-midi, nous avons encore visité Léoville-Barton et Château-Langoa, dont le proprietaire, M. Barton, a voulu être lui-même notre guide; puis Château-Giscours, à M. Creuse, où nous avons le plaisir de serrer la main à M. Scawinski père, comme nous ancien élève de Grignon; la nuit nous surprend au château de Brown-Cantenac, splendide résidence de M. Lalande, dont M. Lawton, son gendre, fait les honneurs.

Nous avons eu le regret de ne pas nous rendre à Château-Rosemont-Geneste, propriété de notre aimable guide M. Paul Scawinski, dont les vins classés ont une réputation méritée.

Pendant ce jour si bien rempli, nous avions parcouru les 25 kilomètres qui séparent Bordeaux de Pauilliac: c'est là que se trouve le Haut-Médoc, où l'on récolte tous les vins classés. Au-delà de Pauillac, commence le Bas-Médoc, dont les vins n'aspirent pas au classement; ils se font cependant remarquer par de solides qualités.

Les vins du Médoc ont été divisés en crûs paysans, crûs artisans, crûs bourgeois et grands crûs.

Les grands crûs ont eux-mêmes été divisés en cinq catégories, auxquelles a été réservée la dénomination de crûs classés ; on a ainsi des 1er, 2me, 3me, 4me, 5me crûs classés : Château-Laffitte, Château-Margaux, Château-Latour, Château-Haut-Brion sont les quatre premiers crûs dans les grands vins rouges du Médoc.

Les vins du Haut-Médoc récoltés dans les communes de Margaux, Macau, Labarde et Cantenac sont obtenus sur un sol maigre et sablonneux ; ils ont une grande finesse, de la légèreté et un bouquet très-agréable.

La seconde région du Haut-Médoc comprend les communes de Saint-Estèphe, Saint-Julien et Pauillac ; la vigne y repose sur un sol assez riche, formé de salle caillouteux mêlé à un peu d'argile. Les vins de cette partie du Médoc sont plus foncés et plus longs à acquérir leurs remarquables qualités.

Ces grands crûs, dont notre incompétence nous empêche d'apprécier le mérite relatif, sont le produit du Cabernet sauvignon, du Cabernet franc, plantés dans des proportions variables, auxquels on ajoute 1⟨10 de Verdot.

Excursion dans le Libournais.

Libourne touche à Saint-Emilion ; c'est M. Piola qui, le premier, a reçu notre visite. Cet éminent viticulteur, propriétaire de deux domaines classés, clos Cadet et clos Pourret, se trouve depuis neuf ans en

pays phylloxérés ; grâce à sa persévérance, il a su
se défendre ; ses vignes, par leur belle végétation,
contrastent avec celles de ses voisins, mortes ou
mourantes.

M. Piola a été un des premiers à utiliser le sulfure de carbone pour soutenir ses vignes attaquées ;
il a aussi été le premier à replanter en cépages du
Nouveau-Monde ses vignes mortes.

On trouve chez M. Piola une belle collection de
vignes américaines ; c'est avec leur concours qu'il a
replanté huit hectares de vignes dont les greffes son
à leur deuxième et troisième feuille.

Le Cabernet sauvignon, le Merlot, le Mabec, trois
cépages dont les fruits produisent les Saint-Emilion,
ont fourni par égale part les greffons de ces vignes.

M. Piola a fait des plantations de Jacquez et
d'Herbemont. Mais, malgré les encouragements du
jury, qui lui a décerné pour les vins qu'il en obtient
une médaille d'or, c'est bien à la greffe qu'il entend
donner la préférence dans le renouvellement de ses
vignes.

Après avoir dégusté ses excellents Saint-Emilion,
tous les membres du Congrès l'ont encouragé dans
cette voie.

Tratony, notre seconde étape, est classé parmi les
premiers crûs de Pomerol ; il appartient à MM.
Giraud frères.

Ce vignoble rendait 450 hectolitres de vin, lorsqu'en 1873 le phylloxéra l'envahit ; depuis ce mo-

ment, des accidents divers en ont considérablement réduit la récolte.

Soutenues par des applications de sulfure de carbone fortement fumées, ces vignes sont encore aujourd'hui sur pied, mais leur végétation laisse à désirer.

MM. Giraud ont une rare persévérance, et l'on se demande s'ils trouveront beaucoup d'imitateurs assez fortunés pour dépenser comme eux sans récolter.

Les résultats peu encourageants de leurs efforts auraient dû, ce nous semble, les amener à suivre l'exemple de leur voisin M. Piola.

En replantant une partie de leur vigne en portegreffes américains, ils se seraient procurés des récoltes qui leur font défaut.

Il était tard, lorsque les visiteurs du Congrès se présentèrent aux Annereaux, commune de Lalande-de-Pomerol, résidence de Madame Veuve Ponsot.

Une curiosité respectueuse animait les excursionnistes : on savait que la mort prématurée du propriétaire du beau domaine que l'on allait visiter avait coïncidé avec l'invasion phylloxérique du Libournais, et qu'un peu par goût et beaucoup par nécessité, Madame Veuve Ponsot avait quitté Paris pour se vouer à la défense de la fortune de son fils.

Nous connaissions tous Madame Ponsat, nous l'avions vue assidue aux séances du Congrès, nous retrouvions en elle un collègue obligeant prêt à nous faire visiter son domaine.

Madame Ponsot a procédé en sens inverse de MM. Giraud frères, que nous venions de quitter. Tandis que ces derniers essayaient de conserver leur vigne par les insecticides, Madame Ponsot, confiante dans la résistance des vignes américaines, s'en servait pour replanter son vignoble.

Cette heureuse inspiration a eu un plein succès : tous les ans sa production augmente, et sous peu son vignoble aura acquis un rendement plus considérable qu'avant l'invasion phylloxérique.

Madame Ponsot partage les idées de M. Chenu-Laffitte : elle croit que l'on doit conserver les cépages français qui ont fait la fortune des vins de Pomerol, elle utilise exclusivement les porte-greffes.

Le mode de taille adopté aux Annereaux diffère de celui généralement suivi dans le Libournais.

Madame Veuve Ponsot conduit ses vignes en treilles basses, d'après le système Casenave.

Avant d'indiquer le mode de plantation et de taille que nécessitent ces treillages, nous allons faire connaître comment Mme Ponsot se procure les plants greffés nécessaires à la reconstitution de ses vignes.

Le Riparia est le cépage américain que l'on préfère aux Annereaux comme porte-greffe. Les boutures qu'on en obtient sont mises en pépinière en avril, leurs racines sont assez fortes pour qu'il soit avantageux de les greffer un an après.

La greffe anglaise est seule utilisée ; on la fait sur

table avec la machine de M. Petit, beau-frère de Mme Ponsot, et sous sa direction.

Voici du reste comment opère l'atelier de greffage installé dans le rez-terre de l'habitation :

Des greffons de toutes grosseurs, des cépages préférés sont préparés à l'avance et placés sur une longue table, à la tête de laquelle est fixée la machine Petit, qu'un homme manœuvre. Des femmes sont assises autour de cette table.

Les barbues mises à la portée du greffeur sont raccourcies au-dessous de la pousse de l'année ; d'un coup de taille, il fait la coupe oblique de la greffe, puis de la languette. Ces porte-greffes ainsi préparés sont jetés sur la table, où des femmes les prennent pour les assortir au greffon, les assembler et en faire la ligature avec des lanières de Raphia.

Ces lanières doivent être assez longues pour envelopper sans solution de continuité non-seulement les parties sectionnées, mais encore pour couvrir un centimètre au moins au-dessus et au-dessous, afin d'empêcher le greffon de développer des racines qui l'affranchiraient.

Un greffeur habile fournit du travail à deux ou trois femmes. Un atelier ainsi constitué fait de 5 à 600, greffes par jour.

Ces greffes sont aussitôt mises en jauge pour conserver la fraîcheur des racines, en attendant d'être placés une seconde fois en pépinière. Mme Ponsot pense, avec raison, que le seul moyen d'arriver promptement à de bons résultats, de ne pas faire de faussе manœuvre, est d'attendre que la soudure de la greffe soit complète avant la mise en place. On obtient dans ces conditions une réussite assurée.

Les greffes occupent dans la pépinière plus d'espace que les boutures. Le terrain étant convenablement préparé et fumé, on ouvre le long d'un cordeau un petit fossé assez profond pour que les racines reposant sur le fond, la greffe se trouve enterrée de 10 centimètres ; on les distance dans la ligne de 15 à 20 centimètres : le second fossé s'ouvre ensuite à 25 ou 30 centimètres de distance du premier.

Mme Ponsot a fait découvrir une rangée de ces greffes, mises en place au printemps, et chacun de nous a pu s'assurer que la soudure du greffon avec le porte-greffe était parfaite et qu'aucune racine ne s'était développée sur le greffon ; il y avait fort peu de non-réussite.

C'est avec ces barbues ayant une année de bouture racinée et une année de soudure de greffe, enlevées une dernière fois de la pépinière, que Mme Ponsot forme ses treilles.

Ces treilles sont à deux mètres les unes des autres.

La distance qui sépare chaque cep de vigne dans la même ligne est de 1 mèt. 50 cent.

Lorsque l'on fait une nouvelle plantation, on se contente d'un échalas pour soutenir la vigne la première année.

La seconde année, on établit la treille en plantant

de 3 mètres en 3 mètres des piquets de bois dur ; deux fils de fer numéros 16 ou 17 les relient entre eux. Le premier est fixé à 60 centimètres au-dessus du sol, le second à un mètre.

Sur le fil de fer inférieur, on couche le sarment le plus fort ; on l'y attache avec un osier, en le raccourcissant à 30 ou 40 centimètres. Sur ce sarment couché, il se développe à chaque œil un bourgeon ; on conserve en les distançant de 12 à 15 centimètres ceux placés au-dessus, ainsi que celui de prolongement, et on supprime les autres.

Le sarment couché reçoit tous les ans, au moment de la taille, un allongement proportionné au développement de la souche.

Dès la deuxième année de mise en place, on obtient une petite récolte ; elle s'augmente d'année en année, jusqu'au moment où la branche prolongée atteint son complet développement.

Dès ce moment, la treille est formée ; elle a atteint son sommum de production que des cultures données à propos et des fumures convenables lui conserveront.

La visite du domaine des Annereaux, sous la conduite de Mme Ponsot, a été sans contredit l'une des plus instructives que nous ayions faites.

Il n'est pas facile en effet de trouver, réunies sur un même domaine, des preuves indéniables des immenses services que peut rendre la vigne américaine, pour la reconstitution des vignes détruites.

Chez Mme Ponsot, tout s'enchaîne et se suit ;

la théorie a fait place à la pratique ; elle seule a convaincu notre guide que le Riparia est le meilleur des porte-greffes ; que la greffe anglaise sur table est préférable à toute autre ; que la soudure en pépinière des greffes donne de meilleurs résultats que la soudure en place ; qu'enfin, la vigne greffée conserve son immunité, maintient les qualités du vin de la vigne française, en augmentant son produit.

La nuit était venue lorsque nous avons serré la main que nous offrait gracieusement Mme Ponsot, en nous disant au revoir.

Il est impossible de reporter notre pensée vers cette femme du monde, devenue notre collègue en viticulture, sans lui vouer un souvenir de reconnaissance, pour son utile intervention dans la lutte entreprise contre le destructeur de nos vignes. Nous sommes sûr de ne pas trouver de contradicteurs en disant que Mme Ponsot a bien mérité de la viticulture.

Avant de clore ce compte-rendu, déjà bien long, nous aurions désiré faire connaître à nos lecteurs le système de culture, de taille et de vinification adopté dans le Bordelais : mais ce travail nous entraînerait plus loin que ne le comporte le cadre restreint de ce Rapport. Nous en ajournerons donc la publication.

Chambéry, le 10 décembre 1881.

Le Président de la Société centrale
d'agriculture du département
de la Savoie,
Pierre TOCHON.

TABLE

www.ingramcontent.com/pod-product-compliance
Lightning Source LLC
LaVergne TN
LVHW020951090426
835512LV00009B/1827